Estelle Vidard · Albar

La véritable histoire de

Pauline, jeune paysanne à l'école de Jules Ferry

Bayard Jeunesse

La véritable histoire de Pauline a été écrite par Estelle Vidard
et illustrée par Alban Marilleau.
Directrice de collection : Pascale Bouchié.
Texte des pages documentaires : Estelle Vidard.
Illustrations : carte 1er rabat de couverture et pages 8, 17, 25, 35, 41 : Nancy Peña ;
pages 18-19, 26-27 et 42-43 : Vincent Sorel.

La collection « Les romans-Doc Histoire »
a été conçue en partenariat avec le magazine *Images Doc*.
Ce mensuel est édité par Bayard Jeunesse.

18, rue Barbès, 92120 Montrouge
ISBN : 978-2-7470-9693-5
Dépôt légal : janvier 2019
5e tirage : juillet 2024

Loi n° 49-956 du 16 juillet 1949 sur les publications destinées à la jeunesse.
Imprimé en France par SEPEC - 23577240404.

CHAPITRE 1

SUR LE CHEMIN DE L'ÉCOLE

– Pauline, Jacques ! C'est l'heure de vous lever…

Pauline écoute le chant matinal des oiseaux. Elle n'ouvre pas les yeux, car leur mère vient toujours les embrasser pour les aider à sortir du sommeil. Et en effet, deux minutes plus tard, elle sent un baiser aussi doux qu'une caresse se poser dans son cou.

La petite fille entrouvre les yeux et sourit à sa mère :

– Bonjour, maman, chuchote-t-elle.

– Bonjour, ma chérie, répond Marguerite.

– Encore cinq minutes, grommelle Jacques en se retournant dans le lit.

– Allez, mon grand, l'encourage sa mère. Il faut vous préparer pour l'école.

À ces mots, Pauline saute du lit : elle adore aller à l'école ! Jacques, lui, préfère largement les jours où ils aident leurs parents aux travaux des champs.

– Maudite école ! râle Jacques en s'extirpant de la douce chaleur de son lit.

Si sa sœur et lui doivent aller en classe cinq matins par semaine, c'est parce que Jules Ferry*, le ministre de l'Instruction publique, a rendu l'enseignement obligatoire pour tous les enfants de 6 à 13 ans, depuis 1882.

La première année, seule Pauline était assez âgée pour s'y rendre : elle avait 8 ans, et Jacques en avait 5. Mais aujourd'hui le garçon a 8 ans et, sa sœur, 11 : chaque jour, sauf le jeudi et le dimanche, ils prennent donc le chemin de l'école.

– Dépêche-toi de venir déjeuner, l'interpelle Pauline.

* *Voir p. 25.*

Je n'ai pas envie de finir encore une fois le trajet au pas de course parce que tu traînes.

Elle a déjà revêtu sa robe et sa blouse, et s'est installée au coin du feu pour boire son bol de lait et manger un morceau de pain.

– Je déjeunerai en route, répond son frère en enfilant ses sabots.

Les deux enfants attrapent leur cartable et le panier que leur mère leur a préparé pour le déjeuner, et filent. Ils marchent d'un bon pas sur le chemin de terre. Sur leur route, ils aperçoivent au loin leur père, occupé à soigner les moutons dans un champ.

– À ce soir, papa ! crie gaiement Pauline en lui faisant de grands signes de la main.

(suite page 9)

L'ÉCOLE AU XIXe SIÈCLE

En France, l'école existait avant les lois de Jules Ferry. Mais elle ne ressemblait pas à celle de Pauline…

L'école : un privilège

Avant les années 1880, l'instruction est dispensée par des précepteurs (des professeurs à domicile) ou des écoles qui coûtent 2 francs par mois : autant que 4 kilos de pain ! C'est bien trop coûteux pour la plupart des Français. Elle est donc réservée aux enfants des familles riches.

Savoir lire et écrire

La grande majorité des Français vit à la campagne, dans des conditions modestes. Beaucoup sont analphabètes : ils ne savent ni lire ni écrire. De plus, ils parlent souvent des langues locales, appelées patois, et ne maîtrisent pas la langue française.

École et Église

La religion occupe une place importante dans la société française, et c'est l'Église qui contrôle l'instruction. Dans les écoles, les cours sont le plus souvent assurés par des religieux ou des religieuses, qui mettent plus l'accent sur l'enseignement de la religion que sur les autres connaissances.

Des écoles publiques

En 1833, l'État français vote la loi Guizot, qui oblige chaque village de plus de 500 habitants à ouvrir une école pour les garçons. En 1867, une nouvelle loi impose d'ouvrir aussi des écoles pour les filles. Mais ces écoles, bien que publiques, sont payantes : elles restent inaccessibles aux familles modestes !

Instruire les Français

En 1870, après la défaite de la France face aux Prussiens, la IIIe République est instaurée (voir page 17). Ses dirigeants s'inquiètent du manque d'instruction des Français et veulent mettre fin au travail des enfants : à cette époque, des milliers d'enfants travaillent dans les mines, les usines… ou aident aux travaux des champs, parfois dès l'âge de 4 ans !

Lucien répond d'un hochement de tête et retourne à son travail. Pauline a un petit pincement au cœur : elle sait que son père ne voit pas d'un très bon œil le fait que ses enfants passent leurs journées à l'école au lieu de travailler aux champs. Il pense que c'est une perte de temps, que les gens comme eux n'ont pas d'autre avenir que celui d'être paysans. Et puis, l'aide des enfants est nécessaire, surtout à la belle saison quand il faut faucher le blé, le battre, le vanner, le mettre en gerbes… Sans compter qu'il faut payer les vêtements et les fournitures, même si l'école est gratuite.

Pauline, elle, rêve de devenir institutrice. Mais elle n'ose plus aborder le sujet devant ses parents, car son père entre chaque fois dans une colère noire.

La voix de Jacques la tire de ses pensées.

– Regarde, il y a des cerises dans cet arbre ! s'exclame-t-il. Fais-moi la courte échelle, que j'en cueille quelques-unes.

– On n'a pas le temps, proteste Pauline, et tu vas te salir.

– S'il te plaît, ma Paulinette, j'en ai seulement pour deux minutes, insiste son frère.

Devant son air suppliant, Pauline cède et l'aide à grimper dans l'arbre. Mais, cinq minutes plus tard, il y est toujours et la fillette s'impatiente :

– Allez, descends de là maintenant !

– J'arriiiiiive ! s'écrie Jacques en sautant de la branche où il était juché.

Pauline tousse. À l'atterrissage, Jacques a soulevé un nuage de poussière.

– Époussette tes vêtements et ôte les feuilles que tu as dans les cheveux, le sermonne Pauline, ou tu vas encore te faire gronder par ton maître. Et maintenant, dépêche-toi : la cloche va bientôt sonner…

– D'accord, répond Jacques en crachant des noyaux de cerises. Le dernier arrivé est une poule mouillée ! ajoute-t-il avant de partir en courant.

Pauline lui emboîte le pas : elle ne tient pas du tout à être punie parce qu'elle est en retard.

Au moment où les deux enfants gravissent les marches de l'école, la cloche sonne : ouf, de justesse !

CHAPITRE 2

UNE JOURNÉE PRESQUE ORDINAIRE

Jacques rejoint ses camarades dans la cour des garçons, et Pauline va se ranger avec sa copine Marie dans la cour des filles.

– Qu'as-tu fait à tes cheveux ? s'étonne Pauline.

Les longues boucles de Marie ont cédé la place à une coupe très courte.

– Mon père m'a rasée, répond son amie, au bord des larmes. À cause des poux…

Puis les deux enfants se taisent : M. Ledun, le maître, vient d'arriver et, comme chaque matin, il vérifie si ses élèves ont les mains propres avant qu'elles n'entrent en classe. Quand arrive le tour de Pauline, il fronce les sourcils et dit d'un air sévère :

– Tu n'as pas honte ? Tes mains sont pleines de terre. Va immédiatement les nettoyer.

Intérieurement, la fillette maudit Jacques : c'est lui qui l'a salie avec ses sabots, en montant dans le cerisier.

Elle court jusqu'au préau, se lave les mains et rejoint ses camarades dans la cour. Le maître est en train de leur donner des consignes :

– Mesdemoiselles, mettez-vous en file indienne et faites le tour de la cour. Vous allez réviser vos tables de multiplications.

- 6 fois 1, 6 ; 6 fois 2, 12..., entonnent les élèves en chœur.

Dix minutes plus tard, les filles entrent dans leur classe. Elles enlèvent leurs sabots pour ne pas salir le sol, enfilent leurs chaussons puis rejoignent leur pupitre.

M. Ledun monte sur l'estrade et écrit au tableau la leçon de morale du jour : « C'est dans la famille que se fait l'apprentissage de toutes les vertus. »

Pauline trempe sa plume dans l'encre violette et recopie cette phrase sur son cahier, de sa plus belle écriture.

– Oh, mince, chuchote Germaine, qui partage son pupitre.

La fillette tente d'effacer une tache d'encre sur son cahier, à l'aide d'un buvard. Mais le maître se plante devant elle, les poings sur les hanches, et tonne :

– Germaine, tu me copieras cent fois : « Je ne dois pas faire de pâtés sur mon cahier » !

La matinée se poursuit : les élèves les plus jeunes apprennent le calcul avec un boulier, tandis que les plus grandes ont une leçon de lecture.

– Ouvrez vos manuels à la page 15, demande M. Ledun.

Pauline sort le livre de son pupitre et, comme chaque fois, le titre sur la couverture illustrée la fait rêver : *Le tour de France de deux enfants*. Elle aimerait être à la place d'André et Julien, les deux jeunes héros partis à la découverte de la France.

'est dans
oeuf

– Pauline, nous t'écoutons, ajoute l'instituteur.

– « Il n'est guère d'obstacle qu'on ne puisse surmonter avec de la persévérance », commence-t-elle à lire tout haut.

Vers 11 h 30, le maître annonce l'heure du dîner. Marie, qui habite dans le village, rentre chez elle pour déjeuner. Mais ceux qui vivent trop loin de l'école, comme Pauline, prennent leur repas dans la classe, en compagnie de l'instituteur. Dans le panier préparé par sa mère, Pauline trouve une tartine de pain et une gamelle de soupe, qu'elle mange froide, car le poêle n'est plus allumé dans la classe.

À 13 heures, la classe reprend avec une leçon de géographie consacrée aux fleuves français, suivie des travaux d'aiguille. C'est l'une des seules matières que Pauline n'aime pas : broder et coudre l'ennuient. Elle aimerait tellement mieux faire du sport, comme les garçons… C'est donc avec soulagement qu'elle sort en récréation, en milieu d'après-midi, pour se défouler à la marelle.

(suite page 20)

LA FRANCE DE LA FIN DU XIXe SIÈCLE

À la fin du XIXe siècle, la France connaît des bouleversements politiques, économiques et sociaux.

La IIIe République

L'histoire politique de la France au XIXe siècle est mouvementée. En un siècle, le pays est tour à tour dirigé par des empereurs, des rois… En 1870, le Second Empire s'achève et laisse la place à la IIIe République, plus démocratique, dont les gouvernants sont élus par le peuple.

La révolution de l'industrie…

La France est en pleine révolution industrielle. L'invention de machines fonctionnant à la vapeur, puis à l'électricité, permet l'essor d'industries comme le textile ou la sidérurgie : grâce aux machines, on peut produire en grandes quantités… et moins cher !

… et des transports

De nouveaux moyens de transport apparaissent également, comme les trains ou les bateaux à vapeur. Ils permettent des déplacements plus sûrs et plus rapides, pour les marchandises et les personnes.

De la campagne à la ville

La France est encore très rurale : 85 % de ses 40 millions d'habitants vivent à la campagne. Mais l'apparition de machines qui remplacent les hommes pousse de nombreux paysans à partir en ville pour trouver du travail : c'est l'exode rural.

Une société inégale

Les usines ont besoin de beaucoup de main-d'œuvre. Les ouvriers ont des conditions de vie et de travail difficiles. À l'inverse, la bourgeoisie s'enrichit et devient encore plus puissante.

Tous au travail

Dans les familles paysannes ou ouvrières, le travail des hommes ne suffit pas. Les femmes et souvent des enfants doivent eux aussi travailler, car leur salaire est indispensable pour faire vivre la famille.

LES MAISONS D'ÉCOLE

Dans les années 1880, la France se dote de lieux spécialement conçus pour l'enseignement : les maisons d'école. La maison d'école est un espace fermé, isolé de la rue et de ses bruits.

1. L'école et la mairie sont dans un même bâtiment ou bien elles sont voisines. L'école n'est plus à côté de l'église. Les écoles ne sont pas mixtes. Elles accueillent soit des garçons, soit des filles, ou des garçons et des filles dans deux parties distinctes.

2. Deux cours permettent aux enfants de se défouler, car l'exercice physique favorise le travail intellectuel. Les enfants font des rondes à la récréation, ou jouent à la marelle, aux chiques (billes), à la corde à sauter, à saute-mouton…

3. Les toilettes, appelées « lieux d'aisance », sont à la disposition des enfants. Ils sont propres et adaptés à leur taille.

4. Le préau permet aux élèves de s'abriter en cas de mauvais temps.

5. Les salles de classe sont claires et aérées, car il faut être en bonne santé pour bien apprendre. Les élèves peuvent être jusqu'à 50 par classes, d'âges et de niveaux différents.

4
3
2
AIRIE
LITÉ · FRATERNITÉ
UE FRANÇAISE
COMMUNALE
1
GARÇONS
5

Peu de temps avant 16 heures, comme chaque jour, Pauline et ses camarades rangent leurs affaires et s'apprêtent à faire leurs corvées : balayer la classe, laver le tableau couvert de craie, remplir les encriers…

C'est alors que M. Ledun annonce :

– Mesdemoiselles, votre attention, s'il vous plaît. La semaine prochaine, nous allons commencer les révisions pour le certificat d'études*. Que celles qui souhaitent le préparer m'en informent, afin que j'organise les révisions.

– Sûrement pas, marmonne Germaine. Les cours de 8 heures à 16 heures, c'est déjà bien assez !

Pauline reste silencieuse et pensive. Contrairement à Germaine, elle aimerait beaucoup passer son certif…

* *Voir p. 40.*

CHAPITRE 3

UN PLAN PARFAIT

– Tu as passé une bonne journée ? interroge Pauline sur le chemin du retour.

– Bof, le maître m'a mis au coin…, répond Jacques en haussant les épaules. Par contre, j'ai gagné cinq billes. Regarde !

– Elles sont très belles, répond Pauline d'un air absent.

– Ça n'a pas l'air d'aller, remarque Jacques.

– Si, si, répond sa sœur, sans conviction. Enfin, M. Ledun nous a annoncé que les révisions pour le certif vont bientôt commencer…

– Je suis sûr que tu vas réussir, se réjouit Jacques. Tu es une très bonne élève !

Pauline lui sourit tristement.

– Mais c'est impossible, dit-elle. Papa et maman ne voudront jamais que je le passe. Il faudrait que je consacre beaucoup de temps aux révisions, et tu sais ce que papa pense de l'école…

– Hum, c'est vrai, reconnaît son frère. À moins qu'ils ne le sachent pas ! s'exclame-t-il.

– Quoi ? ! demande Pauline, incrédule.

– Mais oui : si tu arrives à réviser sans qu'ils se doutent de rien, tu pourras passer l'examen !

Un court instant, Pauline envisage sérieusement cette solution.

– Non, se reprend-elle. Je ne vois pas comment ça pourrait marcher…

De retour à la ferme, les deux enfants aident leurs parents à traire les vaches et à les rentrer à l'étable, comme d'habitude. Mais, une fois couchée, Pauline ne parvient pas à trouver le sommeil.

– Tu dors ? murmure soudain Jacques.

– Non…

– J'ai une idée pour que tu puisses passer le certif, ajoute-t-il à mi-voix.

Il se tourne vers elle et commence à lui parler à l'oreille. Ils discutent longuement, puis finissent par s'endormir, un sourire aux lèvres.

Le lendemain matin, Pauline et Jacques décident de mettre leur plan à exécution. Leur discussion nocturne les a amenés à la conclusion qu'ils auront besoin d'aide. Aussi, à la sortie de l'école, ils font un léger détour par la maison de leur tante Jeannette.

– Tantine, tu es là ? appelle Jacques.

– Ça alors, Jacquot et Paulinette ! s'exclame Jeannette. Ça me fait bien plaisir de vous voir !

Jeannette est la plus jeune sœur de leur père. Elle est couturière au village. Chaque fois qu'elle voit Jacques et Pauline, elle leur demande de lui raconter en détail ce qu'ils font à l'école. Et, immanquablement, elle leur dit à quel point elle regrette de n'avoir pas pu y aller quand elle avait leur âge.

– Vous rentrez de l'école ? Racontez vite !

(suite page 28)

L'ÉCOLE DE JULES FERRY

En 1881-1882, Jules Ferry révolutionne l'école.

Qui est Jules Ferry ?

Jules Ferry naît en 1831. Il est d'abord avocat et journaliste, puis député. Au cours du XIXe siècle, les idées concernant l'éducation évoluent. Lorsqu'il devient ministre de l'Instruction publique, au début des années 1880, Jules Ferry décide de transformer ces idées en lois.

S'instruire pour réfléchir

À la Révolution française est née l'idée que l'instruction doit être accessible à tous. Jules Ferry partage cette idée : il veut que les Français puissent réfléchir par eux-mêmes et faire leurs propres choix, au lieu de se laisser imposer les choses par un souverain ou par l'Église. Et cela passe par l'instruction.

L'école pour tous

Les lois de Jules Ferry sont basées sur trois grands principes : l'enseignement est désormais obligatoire pour tous les enfants de 6 à 13 ans, les garçons comme les filles, en ville comme à la campagne ; pour être accessible à tous, l'école devient gratuite ; et, pour séparer instruction et religion, l'école doit être laïque.

L'école… ou pas !

L'instruction devient obligatoire, mais pas l'école ! Un père de famille peut enseigner lui-même à ses enfants, ou désigner une personne pour le faire. Les vacances vont du 15 juillet au 30 septembre : les enfants de paysans peuvent ainsi aider leurs parents à faire les moissons et les vendanges.

Échanger

Le temps où les élèves devaient se taire est fini ! Jules Ferry veut favoriser l'échange : le (la) maître(sse) interroge les enfants et discute avec eux, leur propose des exemples concrets et des expériences, leur fait faire des exposés… Objectif : développer leur esprit d'analyse et d'observation.

UNE CLASSE DES ANNÉES 1880

1. Un encrier
en porcelaine dans un trou du bureau.

2. Une gibecière :
ce cartable en tissu se porte en bandoulière, sur l'épaule.

3. Un pupitre :
ce bureau en bois est incliné.

4. Les filles
occupent une classe. Les garçons, une autre.

5. Le sarrau :
cette blouse est obligatoire. Elle est souvent de couleur sombre pour cacher les taches d'encre.

6. Un poêle :
une écolière met du charbon dans le poêle qui chauffe la classe. Les cantines sont rares. Des élèves font réchauffer leur gamelle sur le poêle.

7. Ces mesures permettent d'apprendre à calculer des quantités.

8. Les élèves les plus jeunes sont devant.

9. Le boulier permet de faire des opérations en déplaçant des boules sur les tiges de métal.

10. Une ardoise sert de cahier de brouillon.

11. La bouteille d'encre sert à remplir les encriers.

12. L'estrade sur laquelle est installé le bureau de l'institutrice.

13. Un plumier en bois : on y range les porte-plumes.

14. L'institutrice a fait des études et a appris son métier. C'est nouveau pour les femmes à cette époque.

– Justement, commence Jacques, c'est à propos de l'école que nous venons te voir… Nous avons besoin de ton aide.

– Il y a un problème ? s'inquiète Jeannette.

– Non, non, ce n'est pas ça…, marmonne Pauline.

– Eh bien, qu'attends-tu ? insiste sa tante. Tu sais bien que tu peux tout me dire !

Pauline se lance.

– J'aimerais passer le certificat pour devenir institutrice, mais papa et maman ne voudront jamais, dit-elle à toute vitesse.

– Je crois malheureusement que tu as raison…, confirme Jeannette. Surtout Lucien, ajoute-t-elle, pensive. Il n'a pas encore compris que l'école peut vous donner un avenir meilleur que le sien…

– C'est pour ça que nous avons besoin de ton aide ! intervient Jacques.

Devant l'air interrogateur de sa tante, le garçon s'écrie avec conviction :

– Il faut que Pauline passe son certif et réalise son rêve ! Même si elle doit le faire en cachette !

Jeannette se tait quelques instants, puis dit d'un ton sérieux :

– D'accord. Quel est votre plan ?

Pauline et Jacques lui sautent au cou…

Les trois complices passent l'heure qui suit à réfléchir. Pour réviser avec son maître, Pauline devra arriver de bonne heure et rester à l'école après 16 heures, plusieurs fois par semaine.

– Tu pourrais dire que tu as eu une retenue, suggère Jacques. Par exemple, parce que tu as renversé ton encrier.

– C'est une bonne idée, mais ça ne marchera qu'une fois, déplore sa sœur.

– Je crois que j'ai trouvé, s'exclame alors Jeannette. Je vais dire à tes parents que j'ai reçu une grosse commande et que j'ai besoin de ton aide pour pouvoir la terminer à temps.

Pauline et Jacques se regardent, puis explosent de joie. C'est un plan parfait ! Ça va marcher, c'est sûr !

CHAPiTRE 4

LA CATASTROPHE

Deux jours plus tard, Jeannette expose son « problème » à Lucien et Marguerite. Ils acceptent aussitôt que Pauline l'aide. C'est ainsi que la fillette commence à préparer le certificat : trois jours par semaine, elle part pour l'école une heure plus tôt et reste une heure après la classe, pour réviser avec son maître.

– Continue comme cela, la félicite-t-il au bout de deux semaines, et tu l'auras, ton certif !

Motivée par ces encouragements, Pauline a le sentiment de flotter sur un petit nuage…

Mais pendant le dîner elle redescend sur terre.

– Elle a encore besoin de toi longtemps, la Jeannette ? demande Lucien.

Pauline a soudain la gorge sèche : elle va devoir mentir à ses parents les yeux dans les yeux.

– Je ne sais pas, répond-elle d'une voix mal assurée. Peut-être un mois…

– C'est que, pendant ce temps, tu ne nous aides plus aux champs. Faudrait pas que ça dure jusqu'aux moissons, quand même ! grommelle son père.

Jacques vient au secours de sa sœur :

– Je suis passé chez tantine hier. Elle m'a montré l'ouvrage qu'elle réalise avec Pauline : c'est magnifique !

– Ma pauvre, toi qui n'aimes pas coudre et broder ! Ça doit te sembler interminable, compatit Marguerite.

– Vous la connaissez, renchérit Jacques. Quand elle peut rendre service, elle n'hésite pas !

Pauline commence à trouver que son frère en fait un peu trop. Mais ses parents rient de bon cœur et changent de conversation.

« Ouf ! pense-t-elle, soulagée. On a frôlé la catastrophe... »

Malheureusement, le dimanche suivant, la catastrophe se produit. Alors que toute la famille sort de la messe, une voix appelle :

– Pauline, Pauline !

Ils se retournent : c'est M. Ledun qui les rejoint en courant. La fillette et son frère échangent un regard

paniqué. Jeannette, elle, ne comprend pas ce qui est en train de se passer.

Tout essoufflé, le maître arrive à leur hauteur et articule :

– Bonjour à tous !

– Bonjour monsieur, bredouille Marguerite, intimidée.

Lucien se contente d'un hochement de tête.

– Passez un bon dimanche, monsieur ! s'empresse de dire Jacques pour couper court à la conversation.

– Juste une minute, reprend le maître. Je tenais absolument à vous féliciter, car Pauline est une élève admirable, qui ne ménage pas ses efforts et fait preuve d'une ténacité rare…

Les parents de Pauline sont surpris et gênés devant tant de compliments. Pauline et Jacques, eux, sont de plus en plus mal à l'aise.

C'est alors que M. Ledun ajoute :

– C'est remarquable de votre part de laisser votre fille poursuivre son rêve : je suis convaincu qu'elle aura son certificat et qu'elle fera une excellente institutrice… Vous pouvez être fiers d'elle !

(suite page 36)

LES MATIÈRES SCOLAIRES

À l'école de Jules Ferry, les enfants ne se contentent pas d'apprendre à lire, à écrire et à compter : d'autres matières font leur apparition.

Maîtriser le français

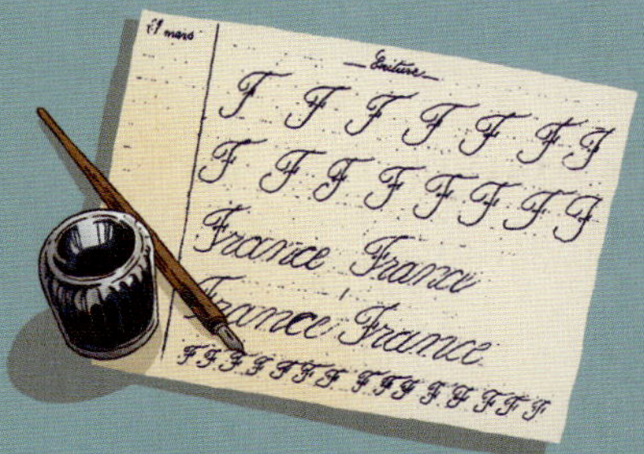

Tous les habitants du pays doivent parler la même langue : l'enseignement du français devient donc obligatoire. Chaque semaine, les élèves font des dictées, de la grammaire, des lectures expliquées et des séances d'écriture pour apprendre à tracer de jolies lettres à la plume et à l'encre.

Histoire et géographie

Les cours d'histoire et de géographie visent à renforcer le sentiment patriotique : les élèves découvrent donc l'histoire de héros comme Vercingétorix, ou de l'empire colonial français, apprennent par cœur les départements, les fleuves, les rivières de leur pays...

Problèmes de maths

Les enfants apprennent également à compter, grâce à des problèmes concrets, liés à la vie de tous les jours : la quantité d'eau qui coule d'un robinet, la vitesse d'un train, la quantité de tissu nécessaire pour fabriquer un costume...

Leçons de morale et de choses

La journée débute par la leçon de morale : elle sensibilise les élèves à l'importance du travail, de la modestie, du courage... La leçon de choses, elle, leur permet de découvrir le monde et de comprendre ce qu'ils apprennent : quoi de mieux qu'observer des abeilles pour saisir comment elles vivent ?

Couture versus gym

Toutes les matières sont identiques pour les filles et les garçons, à l'exception d'une. Les cours de couture, ou « travaux d'aiguille », sont imposés aux filles afin d'en faire de bonnes épouses et de bonnes mères. L'éducation physique est réservée aux garçons, pour les préparer à devenir de bons soldats.

Pauline sent le sol se dérober sous elle. Jacques la soutient. Jeannette pâlit. Quant aux parents, ils restent muets de stupéfaction.

– Je ne vous retarde pas plus longtemps, conclut le maître. Passez un excellent dimanche !

Et il s'en va.

Furieux, le père de Pauline se tourne vers sa fille et lui décoche une claque en criant :

– Tiens, ça t'apprendra à me désobéir !

La fillette tombe à la renverse.

Affolée, Jeannette s'interpose :

– Arrête, frérot, je t'en prie. Tout est de ma faute : c'est moi qui l'ai incitée à passer son certificat et qui vous ai menti !

– Comment ?

– Il n'y a jamais eu de grosse commande pour laquelle j'avais besoin d'aide…

– Je ne sais pas ce qui me retient de te mettre une claque

à toi aussi, fulmine Lucien. Tu n'es qu'une sale menteuse ! Dorénavant, ne t'approche plus de mes enfants, est-ce que c'est bien compris ?! Tu te tais et tu rentres chez toi. J'en ai assez entendu pour aujourd'hui.

Puis il tourne les talons et rentre à la ferme à grands pas. Pauline, Jacques et leur mère le suivent en silence. À peine rentré, Lucien laisse à nouveau exploser sa colère.

– Voilà à quoi ça nous mène, ces bêtises d'école ! hurle-t-il. Je t'interdis de passer le certificat, sinon tu auras affaire à moi, ajoute-t-il en pointant un doigt menaçant vers Pauline. Et, désormais, il n'est plus question que tu t'amuses. Tu es punie jusqu'à nouvel ordre.

– Mais, papa..., commence Jacques.

– C'est valable pour toi aussi, le coupe son père. Tu ne vaux pas mieux que ta sœur. Maintenant, hors de ma vue !

Son ton est sans appel. Les enfants filent dans la chambre, où Pauline éclate en sanglots.

CHAPITRE 5

LE VERDICT TOMBE

Les jours suivants, Pauline pleure à longueur de temps, ne mange plus, ne ferme pas l'œil de la nuit… et les pitreries de Jacques pour lui redonner le sourire n'y changent rien.

Inquiète, Marguerite profite d'un moment où elles sont seules pour lui parler.

– Ton père et moi sommes fâchés, commence-t-elle, mais ça ne durera pas éternellement…

Les larmes de Pauline redoublent.

– Allez, ce n'est pas la fin du monde. Notre vie te déplaît à ce point, pour que tu veuilles à tout prix en changer ?

– Ce n'est pas ça, articule la petite fille entre deux sanglots. Tu ne comprends pas !

– Alors explique-moi, dit doucement sa mère.

Pauline inspire profondément, et dit :

– Tu n'imagines pas à quel point c'est extraordinaire, toutes ces choses que nous apprenons à l'école…

– Je te crois, ma chérie. Mais tu es née paysanne, et tu le resteras…

– Non, justement ! Si je fais des études, je pourrai peut-être réaliser mon rêve ! Si tu savais comme j'aimerais un jour transmettre ce que j'ai appris à d'autres enfants…

Marguerite la regarde en silence : c'est la première fois qu'elle sent une telle passion chez sa fille. Et si Pauline avait raison ? Si l'école pouvait vraiment permettre de choisir son avenir ? Et si elle avait eu le choix, elle, quelle aurait été sa vie ?

(suite page 44)

PUNITIONS ET RÉCOMPENSES

À la fin du XIXe siècle, dans l'école de Jules Ferry, on multiplie les récompenses… et les punitions.

Au coin !

Lorsqu'un élève fait le pitre en classe, il n'est pas rare qu'il aille passer un quart d'heure au coin. Mais ce n'est rien à côté de punitions comme la mise « au cachot » sous le bureau, ou parfois même dans un placard !

Les retenues

Les mauvais élèves sont condamnés à copier des lignes de « Je ne dois pas… ». Pire, ils sont parfois contraints de porter le bonnet d'âne, à cause duquel tous les enfants se moquent d'eux. Il leur arrive aussi d'être en retenue, après la fin de la classe ou sur le temps des récréations, pour apprendre les leçons qu'ils ne savent pas.

Les punitions corporelles

Pour calmer les « fortes têtes », certains instituteurs n'hésitent pas à leur donner des coups de règle sur les doigts, les faire mettre à genoux sur une barre ou leur administrer des fessées. Mais en 1887 une loi interdit les châtiments corporels en classe.

Bons points et prix

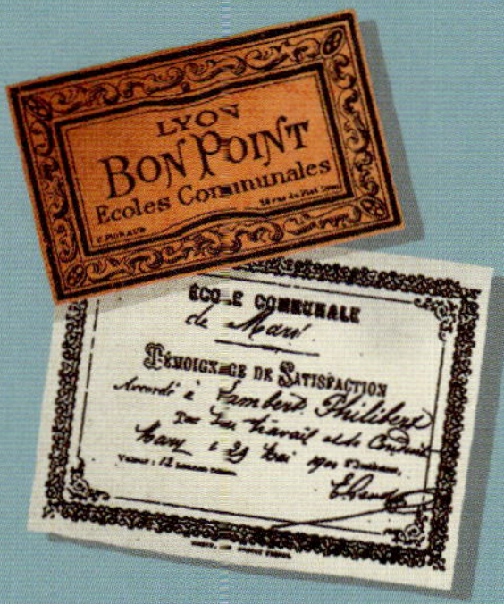

Les élèves méritants collectionnent les « bons points ». Et, en fin d'année scolaire, ils sont récompensés lors d'une cérémonie de distribution de médailles et de prix, en présence de leurs parents et des élus de la ville. Pour chaque matière, le meilleur élève reçoit un beau livre.

Le « certif »

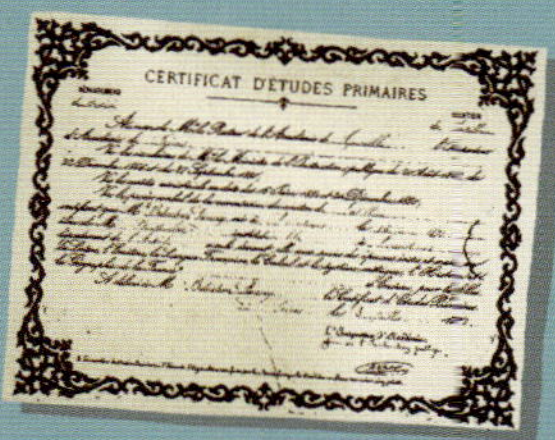

À la fin de l'école primaire, les élèves âgés de 11 à 13 ans peuvent, s'ils le souhaitent, passer le certificat d'études. Cet examen, difficile, nécessite un bon niveau et beaucoup de préparation. Mais celui qui le décroche trouve plus facilement un travail. Souvent, les parents de l'élève diplômé sont si fiers qu'ils encadrent le « certif » et l'accrochent au mur.

SUR LES MURS DE LA CLASSE

Les murs de la classe sont couverts d'affiches, de cartes… très instructives pour les élèves. Ils les ont sous les yeux toute la journée : ils finissent forcément par mémoriser leur contenu !

1. Une affiche « leçons de choses ». Elle permet aux élèves de découvrir le monde qui les entoure.

2. Cette affiche sensibilise les enfants aux règles d'hygiène et de propreté.

3. La table de multiplication. Les mathématiques sont une matière importante.

4. Le règlement est strict : la liste des interdits est mentionnée dessus.

5. La carte de France. Dessus, l'Alsace-Moselle est en gris parce que la France a perdu ces deux régions pendant la guerre de 1870.

6. Le tableau noir permet de capter l'attention de tous les élèves.

1

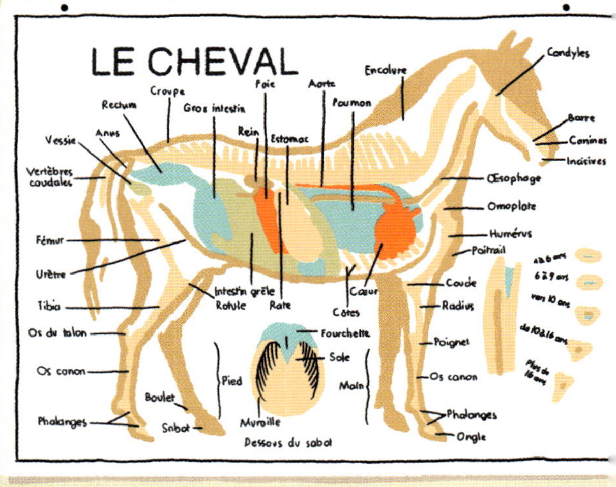

2

3

1	2	3	4	5	6	7	8	9	10
2	4	6	8	10	12	14	16	18	20
3	6	9	12	15	18	21	24	27	30
4	8	12	16	20	24	28	32	36	40
5	10	15	20	25	30	35	40	45	50
6	12	18	24	30	36	42	48	54	60
7	14	21	28	35	42	49	56	63	70
8	16	24	32	40	48	56	64	72	80
9	18	27	36	45	54	63	72	81	90
10	20	30	40	50	60	70	80	90	100

5

4

AUX ÉLÈVES DES ÉCOLES

IL EST DÉFENDU

1° **DE CRACHER A TERRE;**

2° **DE MOUILLER SES DOIGTS DANS SA BOUCHE** pour tourner les pages des livres et des cahiers;

3° **D'INTRODUIRE DANS SON OREILLE** le bout d'un porte-plume ou d'un crayon;

4° **D'ESSUYER LES ARDOISES EN CRACHANT DESSUS** ou en y portant directement la langue;

5° **DE TENIR DANS SA BOUCHE** les porte-plumes, les crayons, les pièces de monnaie, etc.

Voulez-vous savoir maintenant pourquoi ces défenses vous sont faites? Demandez-le à vos maîtres qui vous donneront les explications nécessaires.

6

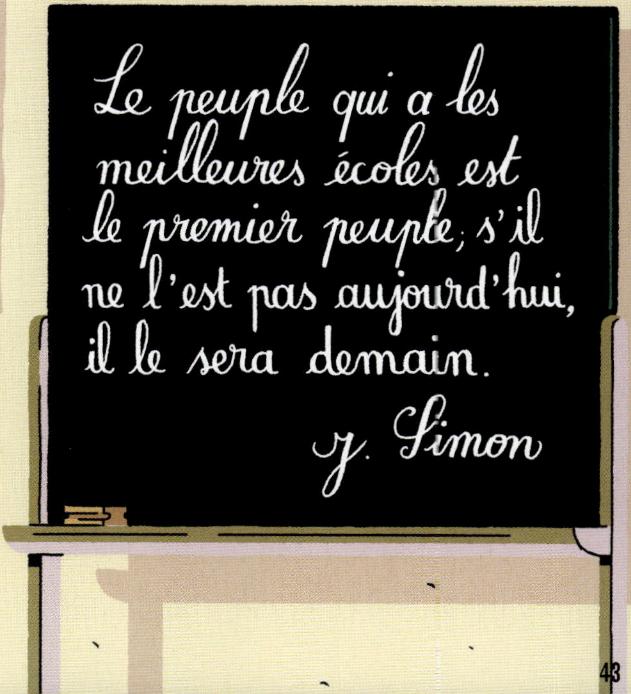

– D'accord, concède-t-elle. Je vais parler à ton père…

Pauline se blottit dans les bras de sa mère et pleure… de bonheur, cette fois !

Ce soir-là, les parents discutent longuement.

– Tu ne vas pas t'y mettre toi aussi ? bougonne Lucien. C'est le travail manuel qui fait vivre les paysans. Les études sont une perte de temps !

– Mais si l'école donnait une chance à nos enfants d'avoir un meilleur avenir ? De choisir leur vie ?

– Foutaises !

– Souviens-toi : à l'âge de Pauline, avais-tu vraiment envie d'être paysan, comme tes parents ?

– Non, admet Lucien. Gamin, je rêvais de devenir maréchal-ferrant.

Peu à peu, il se laisse convaincre par les arguments de Marguerite.

– Ça va, finit-il par concéder. Qu'elle passe le certificat si c'est si important pour elle… Mais moi, je ne veux pas en entendre parler. Et pas question qu'elle soit dispensée des travaux de la ferme, ni qu'elle parte plus tôt ou rentre plus tard.

Dès le lendemain matin, Marguerite annonce la bonne nouvelle à Pauline, qui exulte de joie. Une course contre la montre commence alors pour elle : il lui reste seulement deux semaines avant l'examen, et tellement de connaissances à emmagasiner ! Elle révise pendant le déjeuner et les récréations, la nuit sous sa couverture, et même le dimanche…

Le jour de l'examen arrive enfin. Pauline est à la fois inquiète et impatiente.

– Bonne chance, lui souhaite sa mère en la serrant dans ses bras.

– Tu vas y arriver ! lui assure Jacques.

Lucien, lui, part travailler sans un mot d'encouragement pour elle. Pauline ravale ses larmes et se rend au chef-lieu du canton, avec ses camarades. M. Ledun les accompagne. Avant que l'examen ne débute, il leur fait quelques recommandations :

– Vous allez commencer par la dictée : je vous rappelle que, si vous faites plus de cinq fautes, vous serez éliminées. Concentrez-vous bien !

Pauline suit ses conseils, et l'épreuve se passe plutôt bien, lui semble-t-il.

Viennent ensuite l'analyse de texte à l'oral,

l'arithmétique avec ses divisions à virgules et ses fractions, la géographie, où elle doit donner la liste complète des départements français, l'histoire des rois de France…

Quelques heures plus tard, Pauline et ses camarades ressortent de la salle d'examen, épuisées.

– Ouf, je n'en peux plus ! soupire Pauline. Mais je suis si heureuse d'être allée jusqu'au bout !

– Moi aussi, répond une autre fillette. Maintenant, il ne nous reste plus qu'à attendre les résultats…

En fin de journée, l'inspecteur d'académie vient annoncer le verdict : Pauline a passé son examen avec succès !

– Bravo, la félicite M. Ledun. Tu l'as vraiment mérité !

Quelques jours plus tard, c'est la cérémonie de distribution des prix de fin d'année. Tandis qu'elle monte sur l'estrade pour recevoir officiellement son diplôme des mains du maire du village, Pauline balaie du regard le public à la recherche de son frère et de sa mère. Soudain, elle sent son cœur bondir dans sa poitrine : à leurs côtés se tient son père…

À la fin de la cérémonie, Pauline court vers lui.

– Papa, je suis tellement heureuse que tu sois venu ! s'exclame-t-elle en lui sautant au cou.

– Je suis fier de toi, ma fille, répond Lucien en lui donnant une accolade. Mais ne crois pas que ça va te dispenser des travaux de la ferme ! ajoute-t-il avec un demi-sourire.